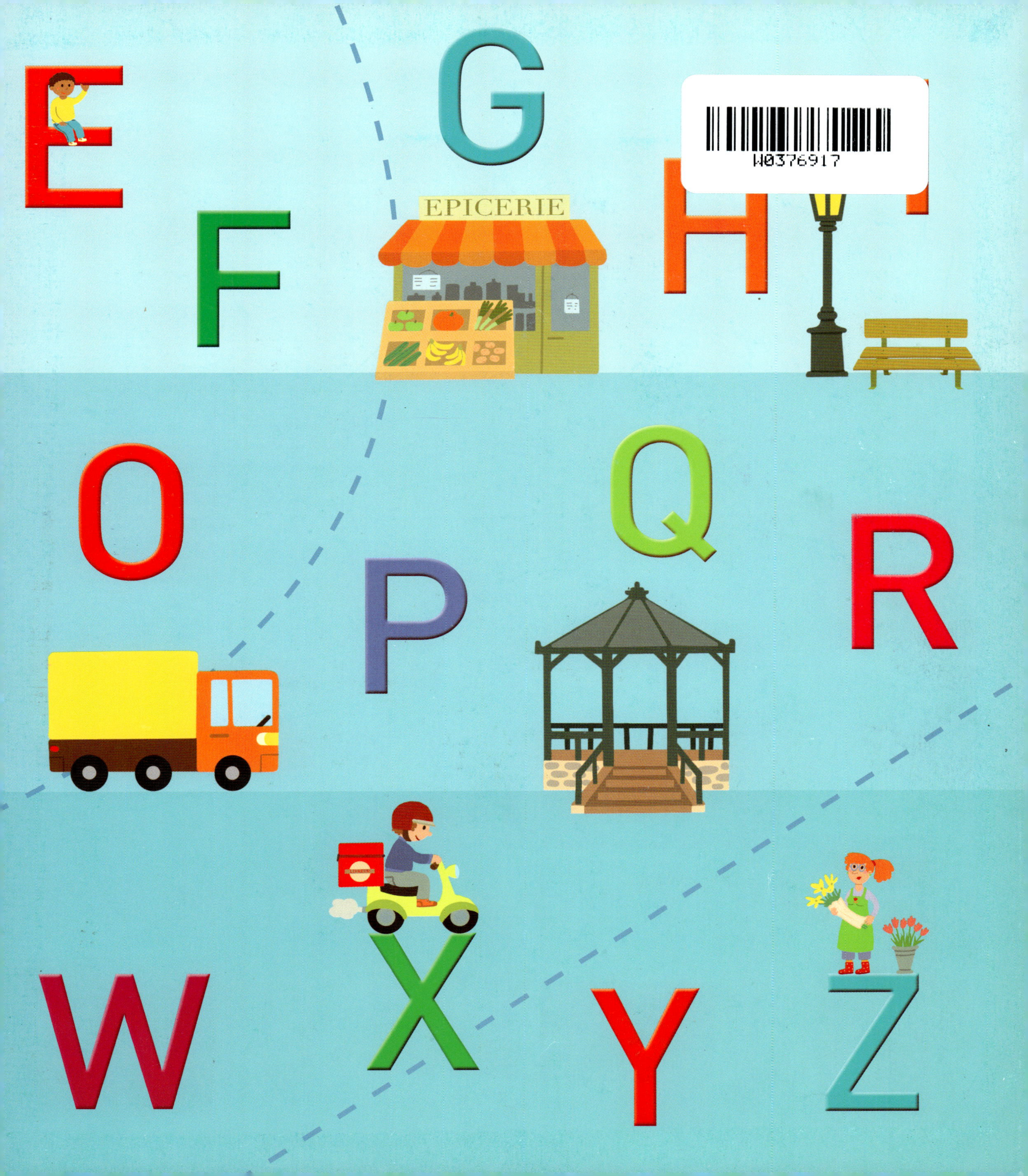
E
G
F
EPICERIE
H
I
O
Q
R
P
W
X
Y
Z

A CAPPELLA
éditeur pour Fleurus

Illustrations : Mélusine Allirol

Direction : Guillaume Arnaud
Direction éditoriale : Sarah Malherbe
Édition : Aglaë de La Genardière

Direction artistique : Élisabeth Hebert, assistée de Marine Giacomi
Mise en pages : Gilles Malgonne
Fabrication : Thierry Dubus, Marie Cheneval

Site : www.editionsfleurus.com
ISBN : 978-2-2150-4831-2
N° d'édition : 09110

« Loi n° 49-956 du 16 juillet 1949 sur les publications destinées à la jeunesse. »

Achevé d'imprimer en juillet 2009 par C&C Offset, en Chine.
Dépôt légal : septembre 2009

L'alphabet de la ville

FLEURUS

Alice

comme...

Ambulance

Autobus

Appartement

Dans son appartement, Alice partage sa chambre avec sa petite sœur. Le soir, avant de dormir, Maman leur lit une histoire et leur fait à chacune un baiser.

Baptiste

comme...

Banc

Boîte aux lettres

Boulangerie

C'est l'heure du goûter. À la boulangerie, Baptiste se régale déjà en regardant les beignets tout chauds et les brioches au beurre que la boulangère vient de sortir du four.

Clément

comme...

Camion

Cinéma

Conduire

Cet après-midi, Clément et sa petite sœur vont au cinéma avec Papi. Sur la route, Clément rêve qu'il conduira un beau camion quand il sera grand.

Daphné

comme...

Dépanneuse

Docteur

Déménager

Daphné et sa famille vont déménager dans une nouvelle maison. Daphné range ses jouets, ses doudous, ses livres dans de grands cartons de déménagement.

Emma

comme...

Église

Épicerie

Ecole

À l'école, Emma s'amuse beaucoup. Elle a plein d'amis pour jouer, du joli papier et des crayons pour colorier, et une maîtresse pour lui apprendre à lire et à écrire.

Florent

comme...

Facteur

Fleuriste

Feu

Au feu orange, les voitures freinent doucement pour laisser traverser les piétons. Florent et son papa attendent que le feu soit vert pour redémarrer.

Grégoire

comme...

Garage

Gouttière

Gare

Pour les vacances, Grégoire va à la mer avec ses grands-parents. Pas question d'être en retard à la gare et de rater le train ! Au revoir Papa et Maman !

Hugo Iris

comme...

Hôtel Immeuble

Hôpital

Hugo est à l'hôpital, il s'est cassé la cheville. Pour le consoler, Iris lui apporte ses bonbons préférés. Chouette !

comme...

Journal

Kiosque à musique

Jardin public

Chaque jour, au jardin public, Jade retrouve Kilian pour jouer avec lui. « Viens faire des glissades sur le toboggan ! » propose Kilian à Jade.

Léa

comme...

Lampadaire

Livreur

Librairie

Léa aime beaucoup aller à la librairie.
Aujourd'hui, elle y va avec Mamie
qui lui achète un joli livre
de coloriages.

Manon

comme...

Mairie

Moto

Marché

C'est le début du printemps. Au marché, on trouve les fruits et les légumes de saison. Mmm ! Ça sent bon ! « Oh, des fraises ! s'écrie Manon. Et des cerises aussi ! Dis Maman, on en prend ? »

Nathan Océane

comme...

Œil-de-bœuf

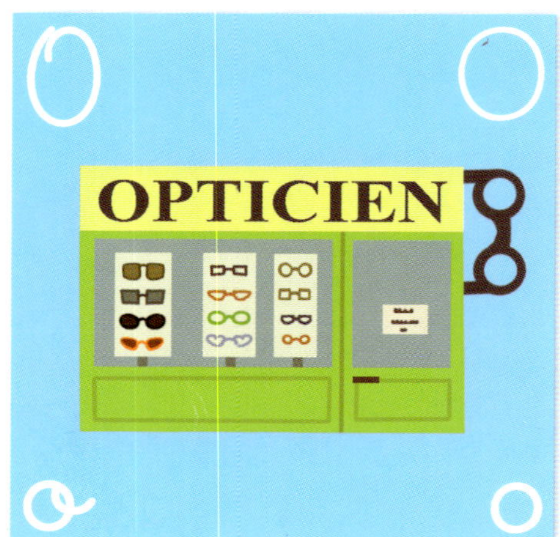

Opticien

Nettoyer

Maman emmène Nathan et Océane à l'école.
Les trottoirs sont en train d'être nettoyés,
et les poubelles sont vidées dans de grands
camions poubelles… « Mais oui, les enfants !
La rue aussi doit être propre ! »

Perrine

comme...

Parcmètre

Passage piéton

Place

Un manège vient d'être installé sur la place de la mairie. Papa a emmené Perrine y faire un tour. « Plus vite, plus vite ! » s'écrie Perrine.

Quentin Raphaël

comme...

Rond-point

Restaurant

Rue

Cette nuit, il a beaucoup neigé. Quentin et Raphaël en profitent pour faire une bataille de boules de neige dans la rue, mais les passants ne sont pas toujours très contents !

Sarah

S comme...

Supermarché

Stop

Sapeurs-pompiers

Pin-pon ! Pin-pon ! « Quelle drôle de sonnerie ! » s'écrie Sarah en se bouchant les oreilles. « Ce sont les sapeurs-pompiers, lui répond Mamie. Ils nous signalent qu'ils sont pressés. »

Tristan

comme...

Trottoir

Travaux

Traverser

À la sortie de l'école, Tristan fait
bien attention en traversant.
Le petit bonhomme est vert !
À mon tour maintenant !

comme...

Voiture

Vélo

Vitrines

À Noël, Ursule et Victor aiment s'arrêter devant les vitrines des magasins de jouets. Il y a plein de jeux et de doudous ! « Quelle jolie poupée ! » s'écrie Ursule.

William
Xavier
W X
Yohan
Zoé
Y Z

Youpi !

Aujourd'hui, Zoé et Xavier sont allés au musée avec leurs cousins Yohan et William.
Il y a plein de beaux tableaux à regarder.
Youpi !

Les lettres perdues dans la rue

Regarde bien cette rue et fouille tous les endroits pour trouver les animaux, les objets et les personnages qui commencent par la lettre indiquée. Attention, des intrus se sont cachés dans le décor. À toi de les découvrir :

- Trouve **1** personnage, **1** objet et **1** intrus qui commencent par la lettre **B**.
- Trouve **1** personnage et **2** objets qui commencent par la lettre **P**.
- Trouve **1** animal, **1** objet et **1** intrus qui commencent par la lettre **C**.
- Trouve **1** objet qui commence par la lettre **L**.
- Trouve **1** objet et **1** intrus qui commencent par la lettre **V**.

Réponses :

Un boulanger, une boîte aux lettres et une brosse à dents.

Un policier, une poubelle et un parcmètre.

Un chien, un camion et un chevalier.

Un lampadaire.

Un vélo et une vache.

ABC
GHI
MNO
STUV